AF196082

STREITEN?
UNBEDINGT!

Duden

Michel Friedman

STREITEN?
UNBEDINGT!

Ein persönliches Plädoyer

Dudenverlag
Berlin

Bibliografische Information der Deutschen Nationalbibliothek
Die Deutsche Nationalbibliothek verzeichnet diese Publikation in der
Deutschen Nationalbibliografie; detaillierte bibliografische Daten sind
im Internet über http://dnb.dnb.de abrufbar.

Bibliographisches Institut GmbH,
Mecklenburgische Straße 53, 14197 Berlin

Redaktion Dr. Kathrin Kunkel-Razum, unter Mitarbeit von
Julia Renkwitz

Herstellung Ursula Fürst
Layout und Satz Dirk Brauns, estra.de, Berlin
Umschlaggestaltung sauerhöfer design, Neustadt
Umschlagabbildung © Olaf Deneberger & Natalie Färber/Delusions
of Grandeur
Druck und Bindung CPI books GmbH,
Birkenstraße 10, 25917 Leck
Printed in Germany

ISBN 978-3-411-05989-8
Auch als E-Book erhältlich unter: ISBN 978-3-411-91364-0
www.duden.de

Für S.und O.

I.

Ein Zweifeln. Eine Irritation. Ein Zögern. Eine
Unsicherheit. Eine Frage. Ein Nein. Ein Warum.
Und schon ist er da: der Dialog, die Diskussion, die
Auseinandersetzung, der Konflikt, der Streit. – Um
einen Gedanken, einen Standpunkt, eine Meinung,
eine Haltung, eine These, ein Bedürfnis. Das
Warum nötigt, zwingt zum Weil. Es schreit danach.
Nach dem Argument. Und schon geht es wieder
los, mit dem Zweifel, der Unsicherheit, der Dekon-
struktion des Arguments und der Herausforderung,
ein eigenes Weil zu denken, zu entwickeln, zu

formulieren. Der Streit ist wunderbar, herausfordernd, schmerzhaft, anstrengend, hoffnungsvoll, kränkend, sinnlich, leidenschaftlich, still und leise, laut und brüllend, kognitiv und emotional – und hört nie auf. Seit es den Menschen gibt. Der Mensch und der Streit sind existenzielle Zwillingserscheinungen. Wir suchen, wir ringen nach Antworten, finden dabei meist wieder neue Fragen. Solange wir streiten, verzweifeln wir nicht an diesem Prozess. Wer nicht mehr streitet, gibt auf. Die Evolution des Menschen ist gekoppelt an seine Fähigkeit zu zweifeln, zu widersprechen, zu streiten, um sich dynamisch weiterzuentwickeln. Dabei muss berücksichtigt werden, dass der Streit auch Zerstörungspotenzial in sich birgt. Unkontrollierte Aggressionen freisetzen kann. Destruktiv sein kann. Umso mehr ist auf das Wie zu achten. Nichtsdestotrotz ist der Streit ein unverzichtbares Instrument, weil er Weg und Voraussetzung für Veränderung ist. Ohne Streit ist der Entwicklungs- und Reifungsprozess des Menschen undenkbar. Beobachten kann man das am wachsenden Widerstand des Kindes, den Eltern »zu gehorchen«. Daran, dass das Imitieren, also das Nichthinterfragen, ob das Vorgegebene sinnvoll und richtig ist, reduziert wird. Man erkennt es auch an der Pubertät – der Entwicklung der eigenen Persönlichkeit im Streitmodus mit der Elterngeneration, um dadurch eine eigene Identität zu entwickeln. Aber Vorsicht: Infragestellen und Infragegestelltwerden bleiben eine lebenslange Herausforderung.

Der Psychologe Michael Cöllen formuliert das so: »Streit ist not-wendig [sic] und erfüllt wichtige psychologische Funktionen. Streit dient der Selbstentfaltung, der Positionsbestimmung, der Veränderung und der Sinnfindung. Im Kern geht es um das Ringen menschlicher Potenzialentfaltung.«[1] Dieses Ringen ist ein lebenslanges Lernen. Lernen ist ein Suchen, ein Fragezeichen, das von den Lehrenden oft und gerne mit einem insistierenden Ausrufezeichen beantwortet wird. Dieses Ausrufezeichen infrage zu stellen, also streitig zu machen, und damit auch den Lehrenden infrage zu stellen, ist für die meisten schmerzhaft. Alle Emanzipationsprozesse der Menschheitsgeschichte sind Entkopplungsgeschichten von der herrschenden Macht und der herrschenden Meinung. Sie stellen diese infrage, stellen diese streitig und fordern sie damit heraus. Ohne Streit ist Fortschritt undenkbar und Stillstand oder Rückschritt unvermeidlich. Dieser nie endende Prozess, mit sich und anderen Konflikte zu erkennen, sie zu benennen und im streitigen Dialog zu verhandeln, ist ein emanzipatorischer Prozess. Eine Häutung, die die nächsttiefere Schicht zum Vorschein bringt. Die Frauenbewegungen, die für die Rechte und Gleichstellung der Frau kämpfen, die Bürgerrechtsbewegung in den USA, die friedliche Revolution in der DDR, die Schwulen- und LQBTQI*-Bewegung sind nur durch Konflikte, durch Streit, durch Auseinandersetzung möglich geworden. Emanzipatorische Prozesse, individuell wie kollektiv politisch, sind die Antwort auf Entfremdung und Selbstentfremdung. Sie sind der Ausdruck von verkrusteter Macht. Auch im wirtschaftlichen Bereich. Ohne die Arbeiterbewegungen, die für die Rechte der Arbeitnehmer mit den Arbeitgebern gestritten haben und heute noch streiten müssen, wäre die soziale Marktwirtschaft undenkbar geworden. Wie notwendig dieser Streit, dieser Konflikt ist, umso mehr, wenn man ihn global betrachtet, ist überdeutlich. Diese Emanzipationsprozesse sind der Ausdruck von einer Sehnsucht nach mehr Freiheit und Selbstbestimmung. Sind der Versuch, der Fremdbestimmung etwas entgegenzustellen. Sich dagegen zu wehren, dass andere Macht über das eigene Leben ausüben. Je substanzieller sich dieser Prozess entwickelt, desto sichtbarer werden die Konflikt- und Streitschichten. Der Mensch, der mit anderen Menschen lebt, erfährt zwingend solche Auseinandersetzungen.

Bestenfalls entwickelt der Mensch seine Beziehung zum Anderen durch seine kritische Neugier und die Notwendigkeit, das Gemeinsame zu bestimmen. In Beziehung zu treten, ein soziales Gefüge aufzubauen, ist ein Wagnis zwischen Harmonie und Disharmonie. Auf den ersten Blick erscheint die Harmonie erstrebenswerter. Angenehmer. Beruhigender. Ein Trugschluss? Könnte es nicht genau umgekehrt sein? Harmonie als Ausnahme – warum nicht? Als Regel eher eine Gefahr? Die Welt ist kein Paradies, und so lange sie es nicht ist, gehört die Disharmonie im Verhältnis mit sich selbst und zu den anderen konstitutiv zum Sein. Es fragt sich allerdings, ob eine paradiesische Welt wirklich erstrebenswert und erreichbar ist. Ob sie nicht eine Fantasie, eine Konstruktion ist, die uns tröstet und einen tieferen Sinn anbietet. Schon die Frage, von welchem Paradies die Rede ist, wissend, dass es Millionen und Abermillionen Vorstellungen vom Paradies und paradiesischen Leben gibt, deutet die radikale Schwierigkeit, oder Unmöglichkeit, des Erreichens dieser Glückseligkeit an (dies soll kein Plädoyer gegen das Träumen sein). Diese Unmöglichkeit besteht auch, weil aus einer ungestörten, nicht mehr streitig gestellten Zufriedenheit schnell eine unreflektierte Selbstzufriedenheit wird. Streit, Auseinandersetzung, Konflikte sind nicht die Ausnahme, sondern die Regel in zwischenmenschlichen Beziehungen. Der Soziologe Georg Simmel beschreibt diese Begegnungen mit dem Hinweis: »Wie der Kosmos ›Liebe und Hass‹ attraktive und repulsive Kräfte braucht, um eine Form zu haben, so braucht auch die Gesellschaft irgendein quantitatives Verhältnis von Harmonie und Disharmonie, Assoziation und Konkurrenz, Gunst und Missgunst, um zu einer bestimmten Gestaltung zu gelangen.«[2] Im Diskurs mit dem Gegenüber entwickelt der Mensch nicht nur als Kind in seinem Erwachsenwerden, sondern sein ganzes Leben lang die Fähigkeit, in der Welt, in der er ist, sowohl die Veränderungen, also die Dynamik des Seins, zu verhandeln als auch immer wieder eine Identitätsüberprüfung durchzuführen. Bestenfalls.

II.

Meine Mutter hatte Angst. Und Thomapyrin. Sie vermied Streit. Streit machte ihr Angst und vor nichts hatte sie mehr Angst als vor der Angst. Sie war 16 Jahre alt, als die Deutschen Polen im Zweiten Weltkrieg angriffen und besetzten. Kurz danach erlebte sie dort, wie Hitlers Judenhass durch die deutschen Soldaten Realität wurde. Lebensgefährliche Realität. Gettos entstanden, Gewalt wurde zum Alltag, Gehorchen und Unsichtbarkeit zur Überlebenstaktik. Doch wie sollte man mit einem gelben Judenstern unsichtbar sein? Jede Konfrontation, jede Frage, jeder Widerspruch konnte tödlich sein. Leben hieß nur noch: überleben. Das Gefühl der Hilf- und Wertlosigkeit zementierte sich. Juden lebten in einem gewaltbesetzten, rechtsfreien Raum ohne Notausgang. Die Endstation hieß: Auschwitz. Meine Mutter überlebte mit meinem Vater und ihrer Mutter. Alle anderen ermordet. Vernichtet. Ohne Gräber.

Als ich meine Mutter kennenlernte, war diese Lebens- und Existenzangst fühl- und greifbar. Ich konnte sie als kleines Kind nicht einordnen, aber mir fielen ihre zitternden Hände auf. Ich erlebte ihre Harmoniesehnsucht. Oder sollte ich sagen: Sucht? Sie umarmte und küsste mich. Wann und wo immer es ging. Wenn wir Hand in Hand einkaufen gingen, blieb sie, nachdem sie alles eingepackt hatte, im Blumenladen, im Lebensmittelgeschäft, in der Apotheke, beim Fleischer, im Gemüseladen stehen und sprach mit all den Menschen. Sie machte ihnen Komplimente, lobte sie und erklärte regelmäßig, wie dankbar sie ihnen sei. Ich fragte mich damals: Wofür? Immerhin bezahlte sie ihre Einkäufe mit Geld. Wie ein Ritual wiederholte sie jeden Tag diesen Spaziergang durch unser Viertel. Riefen ihr Menschen hinterher: »Guten Tag, Frau Friedman! Wie geht es Ihnen, Frau Friedman?«, strahlte sie und ich spürte, wie die Verkrampfung ihrer großen Hand, die meine kleine Hand festhielt, nachließ. Als ich älter wurde, bemerkte ich, wie viel sie mit wie vielen Menschen telefonierte und ihnen zuhörte. Ihnen Rat gab. Am Abend nach dem Essen schrieb sie bis tief in die Nacht Briefe. Es mussten Hunderte Menschen gewesen sein, mit denen sie korrespondierte. Als ob sie versuchte, vorsorglich einen Schutzmantel zu weben, für den Fall, dass sie die Unmenschlichkeit wieder berühren sollte. Dort, wo es Streit gab zwischen Freunden, Konflikte oder Ehetrennungen, versuchte sie zu vermitteln, zu schlichten. Ihr Rat war meist, nachzugeben. In der Hoffnung, dass damit der Konflikt, der Streit verschwinden würde. Als könnte man dadurch das Problem, den Dissens wegzaubern. Streit bedeutete für sie eine Störung ihrer Sucht nach Harmonie, nach Ruhe und Frieden.

Nachts konnte sie nicht schlafen. Die Harmonie war im Dunkeln nicht herstellbar. Die vielen Fragen und vor allem die Frage nach dem Warum geisterten in ihrer Seele. Der Hass, den sie erlebt hatte, und die Frage nach dem Warum. Der gewaltsame Tod von vielen Menschen, nur weil sie Juden waren, den sie erlebt hatte, und die Frage nach dem Warum. Die Gleichgültigkeit der Handelnden und der Zuschauer und die Frage nach dem Warum. Das Nichtstillstehen der Welt, während Menschen in Auschwitz vergast und verbrannt wurden, und die Frage nach dem Warum. Der Verrat der Menschen an dem Menschsein und die Frage nach dem Warum.

Gleichzeitig wuchs ich in einem Land auf, in dem nichts so sehr versucht wurde, wie die Frage nach dem Warum individuell und kollektiv zu vermeiden und hinter dicke Mauern zu verbannen. In Deutschland wurde ein Band des Schweigens und des Verdrängens gespannt. Erinnerungen sollten gelöscht werden, das Gedächtnis umformatiert, eine »Stunde null« sollte eine Identitätsspaltung ermöglichen. Eine Weißwaschung und damit verbunden die Möglichkeit biografischer Legendenbildung. Ein Vorher sollte es nicht gegeben haben. Ich konnte die Pseudoharmonisierung der deutschen Gesellschaft und damit das Leugnen von Schuld und Verantwortung nicht hinnehmen, während ich zu Hause die blutigen Spuren des Verbrechens erlebte. Ich wollte den Streit aufnehmen und in den öffentlichen Raum stellen, den meine Mutter im Selbstgespräch, aber nicht im Gespräch mit den Konfliktbeteiligten geführt hatte. Die Frage nach dem Warum aktualisieren. Warum konnten die Menschen in den 50er-, 60er-, 70er-, 80er-, 90er-, 2000er-Jahren sich nur so zögerlich und abwehrend mit sich, ihren Familien und der Frage nach Schuld und Verantwortung auseinandersetzen? Und warum setzte sich der Hass fort? Und warum trieb dieser Hass nur die wenigsten zum Handeln? Während wir noch über die Zeitzeugen des Dritten Reichs verhandelten, wurden und sind wir Zeugen unserer Zeit des Versagens, die Würde des Menschen für alle Menschen herzustellen.

Humanismus und Aufklärung leben vom Streit. Von dem Suchen nach Antworten, dem Fragen und Hinterfragen. Dem Zweifeln. Diesem wunderbaren, hinterhältigen, zerfleischenden, erkenntnisreichen, unverzichtbaren Antrieb, dass Wissen, Reflektieren und Verstehen Momentaufnahmen sind – nur ein kurzes Momentum der Sehnsucht des Menschen, sich der Wahrheit anzunähern. Mehr zu begreifen, mehr zu lernen.

Meine Eltern ließen erstaunlicherweise zu, dass ich stritt. Mit ihnen und immer mehr und öfter mit vielen anderen. Mein Durst, meine Sehnsucht nach Wissen und Verstehen wuchs mit jedem Streit. Der Austausch von Gedanken und Argumenten ist der Sauerstoff des Lebens. Sich selbst und den anderen im Zweifel zu erleben und angezweifelt zu sein, sind die Voraussetzungen des Lernens.

Meine Mutter hatte Angst. Um mich. Je mehr ich stritt, desto mehr Angst. Aber sie ließ es zu. Erstaunlicherweise. Als ich älter wurde, verstand ich warum. Der Judenhass, der ihre Familie zerstört hatte, der Hass und die Hetze auf Menschen, war nicht wirklich weniger geworden. Dem nicht sprachlos gegenüberzustehen, einen anderen Entwurf von Gesellschaft und Menschenwürde zu entwickeln, und sei es nur für die eigene kleine persönliche Welt, war ohne Streit nicht erreichbar. Lebens- und Gesellschaftsentwürfe müssen miteinander und gegeneinander verhandelt werden. Immer und immer wieder. Der Streit ist das Instrument dazu. Dass er in Deutschland bis in die Gegenwart negativ besetzt ist, ist ein wichtiger Hinweis darauf, dass das Schweigegebot, das nach 1945 die Diskursräume in Deutschland verstopfen sollte, immer noch viel zu wirksam ist. Das mag einer der Gründe sein, warum sich keine wirkliche Kultur des Streitens entwickeln und etablieren konnte. Die größte Sehnsucht war und ist bis heute noch, einen Sprühnebel des Konsenses über die vielen Dissense und Konflikte zu verteilen. Streit ist nicht erwünscht. Der Streitende ein potenzieller Störer der Scheinharmonie.

III.

Zwar strebt der Mensch nach Harmonie mit sich selbst und der Welt, in der er lebt, er kann aber den inneren und äußeren Konflikten nicht ausweichen. Beim »Verhältnis von Individuum und Gesellschaft – Freud spricht fast durchgängig von ›Kultur‹ – [handelt es sich] um ein Konflikt-verhältnis«[3]. Mit sich und der Welt in Opposition zu stehen, ist der ununterbrochene Störfaktor der Sehnsucht nach Harmonie, der Widerspruchsgeist ein unverzichtbarer Teil des Geistes. Es hängt von den soziokulturellen und politischen Umständen ab, inwiefern Opposition und Widerspruch positiv oder negativ konnotiert sind. Die Unterdrückung dieses Infragestellens führt früher oder später sowohl im Individuellen wie auch im Politisch-Kollektiven zu scheinbar unvorhersehbaren Ausbrüchen und neuen Konflikten. Georg Simmel stellt fest, dass die Opposition keineswegs ein negativer »sozialer Faktor [ist], weil sie vielfach das einzige Mittel ist, durch das uns ein Zusammen mit eigentlich unaushaltbaren Persönlichkeiten noch möglich wird.«[4] Sie ist sogar die Vorausset-zung für eine funktionierende, pluralistische, diverse Gesellschaft. Simmel hat recht, wenn er fortfährt: »Unsere Opposition gibt uns das Gefühl, in dem Verhältnis nicht völlig unterdrückt zu sein, sie lässt unsere Kraft sich bewusst bewähren und verleiht so erst eine Lebendigkeit und Wechselwirksamkeit an Verhältnisse, denen wir uns ohne dieses Korrektiv um jeden Preis entzogen hätten.«[5] Das demokratische System setzt diese Idee innerhalb eines politischen Rahmens in eine politische Realität um. Opposition ist dabei eine unverzichtbare Säule, um emanzipative Prozesse, also die Sehnsucht nach Befreiung von Unterdrückung, zu erreichen. Eine Demokratie, in der die Opposition nicht als ein Wert an sich existiert, ist keine Demokratie. Das gilt auch im Intellektuellen. »Die Intellektuellen haben als die Hofnarren der modernen Gesellschaft geradezu die Pflicht, alles Unbezweifelte anzuzweifeln, über alles Selbstverständliche zu erstaunen, alle Autorität kritisch zu relativieren, alle jene Fragen zu stellen, die sonst niemand zu stellen wagt.«[6] Je weniger, je verschüchterter nicht nur die Intellektuellen, sondern wir alle dies tun, desto mutiger scheint es zu werden, sich doch als Oppositioneller auf den Weg zu machen. Wirklich mutig sind die, die in einer Diktatur leben und das tun. Wir in Deutschland hingegen sollten nicht so tun, als ob wir heute mutig sein müssten, um zu streiten und zu hinterfragen. Bei aller Kritik an unserer Gesellschaft scheint es mir eher eine Ausrede zu sein, wenn Menschen ihre Freiheit nicht nutzen, um die herrschende Macht infrage zu stellen. Der Hinweis auf das Risiko und die Angst sind Pseudoargumente. Dabei bin ich mir bewusst, dass der Streit auch (harte) Konsequenzen für den Streitenden haben kann. In der Regel sind diese in einer Demokratie jedoch nicht existenziell. Der Streit ist konstitutiv für die Demokratie. Ohne

Streit stirbt sie. Die Demokratie braucht den Streit, die Auseinandersetzung, den Konflikt auf allen Ebenen. Individuell, kollektiv, institutionell und strukturell. Das heißt, dass der Streit Conditio sine qua non für alle an der Macht und an der Gesellschaft beteiligten Institutionen ist. Auch in der Gewaltenteilung des Grundgesetzes, und damit der Machtverteilung, kann man dies nachvollziehen. Aristoteles beschreibt den Menschen als ein »Zoon politikon«, also als politisches Wesen. Da er nicht allein leben kann, sich »vergesellschaftlichen muss«[7], Gruppen bilden muss, bilden sich ununterbrochen »Wirs« und »Ihrs«. Im Wir gegen ein anderes Ihr zu streiten, ist leichter als im Ich zum Du, weil man sich besser verstecken kann, sich vermeintlich stärker fühlt. Die ökonomischen Kosten eines Streites verteilen sich in der Gruppe leichter. Die Frage »Lohnt sich der Streit?« wird anders berechnet. Im 21. Jahrhundert, in dem Gruppenbildung seit Jahrzehnten, teilweise Jahrhunderten Bestand hat, erleben wir das Zerbröseln dieses alten, politisch kollektiven Wirs. Im demokratischen Westen besonders. Ob Religionsgemeinschaften oder Gewerkschaftsbewegungen oder Parteien – sie schaffen es nicht mehr, die Sehnsucht nach Gruppenbildung zu erfüllen. Dieses Phänomen trifft parallel auf eine Welt voller unübersehbarer Konflikte, Kriege, Naturkatastrophen und jetzt auf die aktuelle Corona-Pandemie. Auch die Verschiebung der globalen Machtverhältnisse empfinden viele Menschen als große Bedrohung. Die Schwäche der westlichen Welt, vor allem Europas und der USA, und die Stärke des asiatischen Raums, allen voran Chinas, ist eine neue Erfahrung für jene Kollektive, die Teile der Welt kolonialisiert und beherrscht haben. »Der weiße Mann« merkt schmerzhaft, dass er Minderheit in der Welt ist. Das Zoon politikon irrt mehr denn je umher. Sucht nach Sicherheit, neuen Gruppen, aus denen heraus sein Streit lebbar wird. Dies werden NGOs oder Bewegungen wie *Fridays for Future*, so sehr sie notwendig und zu begrüßen sind, nicht leisten können. Auch »Volksparteien« erleben diesen Wandel, indem sie sich größtenteils pulverisieren. Deswegen müssen mehr mittlere und kleinere Parteien koalieren, was ihre Profile noch mehr verwischt – teilweise bis zur Unkenntlichkeit. Oft bleibt eine Hülle mit zu wenig Inhalt. Die Gedankenwelt extremistischer Parteibewegungen, populistischer Gruppierungen erlebt in unserer Zeit Hochkonjunktur bis in Regierungsspitzen hinein. Die wirkliche Krise der Demokratie unserer Gegenwart ist, dass diese Bewegungen nicht Streit repräsentieren, sondern das monologische Propagandasystem darstellen. Vor allem aber, dass sie im öffentlichen Diskursraum so wirken, als ob sie bereit seien, dialogisch mitzuwirken, und – und das ist das entscheidende Problem – von den Demokraten nicht ausreichend demaskiert werden. Die Demokratie unserer Gegenwart könnte dadurch geschwächt, wenn nicht sogar zerstört werden. Was wir erreichen müssen, ist, dass der Streit als Kooperationsgedanke wieder deutlicher wird. »Der Streit schafft erstens soziale Beziehungen dort, wo vorher keine waren, ist selbst eine spezifische Art sozialer Beziehung; wo zwei Parteien in einen

Streit eintreten, entstehen soziale Relationen, die auf dem Streit selbst beruhen«[8], sagen Uwe Baumann et al. Beschäftigt man sich mit Streit und Konflikt, ist die Ambivalenz mit Händen greifbar. Auch bei mir. Einerseits ist das Entstehen dieser sozialen »Beziehungen« der Beginn eines Dialogs, einer Kooperation, einer Auseinandersetzung mit einem möglichen gemeinsamen Kompromiss. Andererseits kann diese »Berührung« zu einer aggressiven, gewalttätigen, vernichtenden Situation führen. Betrachtet man die Menschheitsgeschichte, sieht man diese Ambivalenz überall und zu jeder Zeit. Dies darf aber nicht zu dem Ergebnis führen, auf den Streit zu verzichten. Im Gegenteil. Marie von Ebner-Eschenbach sagt: »Nicht jene, die streiten, sind zu fürchten, sondern jene, die ausweichen.«[9] Konflikte lösen sich nicht in Luft auf. Sie müssen verhandelt werden. Sonst entsteht ein Streit-Stau. Je länger der Stau ist, desto schwieriger wird es, ihn aufzulösen. Neue Teilnehmer, die sich dem Stau nähern, werden wiederum aufgehalten. Jeder, der selbst mal in einem Stau stand, weiß, wie gefährlich das Stauende ist, weil Aufprallgefahr besteht, und wie lange es dauert, einen Stau aufzulösen. Der Streit setzt dynamische Prozesse in Gang. Der Stillstand, der nur den Mächtigen nutzt, wird erschüttert. Inwieweit diese Erschütterung, und vor allen Dingen zu welchem Zeitpunkt, produktive und konstruktive oder destruktive Lösungen hervorbringt, ist bei Beginn des Streits nicht vorhersehbar. Je mehr Menschen von dem Streit betroffen sind, desto unvorhersehbarer. Genau dann sollte er aber im Sinne von Jean-Jacques Rousseau geführt werden: »Beim Streit gibt es keine Schonung: Wer sich vom Gegner mit ganzer Kraft angegriffen fühlt, muß [sic] sich mit all seiner Kraft verteidigen und so gewinnt der Geist an Genauigkeit und Schärfe.«[10] Und genau darum geht es: um Genauigkeit und Schärfe des Geistes. Um Erkenntnis. Um Fortschritt. Ob in der Psychoanalyse (Verdrängung) oder im politischen Raum (Unterdrückung, Diktatur) oder auf der soziologischen Ebene (undurchlässige Klassensysteme) – nur die Aufklärung, der Streit, das Gespräch, der Konflikt, der sichtbar wird, führen zu einer Verbesserung der Verhältnisse.

IV.

Mein Vater hörte nicht. Gut. Mit jedem Jahr schlechter. Ein deutscher Soldat hatte ihm mit dem Gewehrkolben sein linkes Ohr zertrümmert. Als ich ihn kennenlernte, ging es ihm noch besser. Er traf sich mit seinen Freunden, diskutierte. Laut und leise. Leidenschaftlich und schüchtern. Engagiert und irritiert. Fragend und antwortend. Lustvoll und manchmal müde und erschöpft. Er hörte zu. Er sprach. Ehrlicherweise kann ich mich nicht daran erinnern, was er lieber tat. Zuhören oder sprechen. Ich hörte ihm und seinen Mitstreitern zu, wusste aber eigentlich nicht wirklich, worüber sie redeten. Aber ich mochte die Melodie, den Chor der Einzelstimmen, die umeinander tanzten, ich mochte es, wie hier und da ein Solist hörbarer wurde, sich dann wieder in die Musik des Chors einreihte, um auf einmal eine andere Solistenstimme zur Geltung kommen zu lassen. Damals wurde geraucht und getrunken, die gute Stimmung konnte allerdings auch blitzartig zusammenbrechen. Zu schrill, zu dissonant die eine, zu traurig oder verzweifelt die andere Stimme. Wie oft lag ich unter dem Esstisch, um diesen Sprechkonzerten zu lauschen. Dabei sein, mittendrin sein.

Ein paar Jahre später war es mit den Sinfonie-orchestern vorbei. Mein Vater konnte den vielen Stimmen nicht mehr folgen. Sie verknoteten sich zu einem Mischmasch der Worte und Gedanken. Er zog sich zurück, sprach nur noch mit Einzelnen statt mit vielen. Das Hören fiel ihm schwerer. Als ich ihn fragte, wie es ihm dabei ging, antwortete er mir, dass das Zuhören der wichtigste Teil des Gespräches sei und es ihn mehr und mehr anstrenge. Dagegen sei das Reden sehr viel einfacher. Jahrzehnte später las ich einen Aus-spruch von Bertolt Brecht: »Wovon wird einer klüger? Indem er zuhört / Und indem man ihm etwas sagt«[11], und ich musste an das Gespräch mit meinem Vater denken. Zuhören ist schwer. Der Prozess ist viel komplexer als die rein physische Fähigkeit des Hörens. Die Komplexität der Sprache, auch der körperlichen Sprache, die Komplexität der kognitiven und emotionalen Schichten des Zuhörens, die Unberechenbarkeit der unbewussten Memorisierungen, die Auswahl des Gedächtnisses, was und wie wahrgenommen wird, die Vielschich-tigkeit der kulturellen Prägung und Markierungen sind einige der Gründe, warum das Zuhören eine große Herausforderung ist.

Der Volksmund sagt: »Man hört nur, was man hören will.« Deswegen empfiehlt es sich, im Streit, in der Diskussion, im Dialog beim Gesprächspartner nachzufragen, ob man das Gesagte richtig verstanden hat. Jeder hat es schon mal erlebt: Das Gesagte wird vom Gesprächspartner falsch oder anders verstanden. Der Absenderhorizont ist nicht derselbe wie der Empfängerhorizont. Die Zuhörenden ordnen, schichten, unterteilen, dekonstruieren und rekonstruieren das Gehörte aus ihrer eigenen Perspektive. Je mehr Menschen an einer Debatte beteiligt sind, desto mehr Interpretationen reihen sich aneinander. Die jeweils notwendige Synchronisierung solcher vielfältigen Perspektiven ist eine der größten Herausforderungen der Kommunikation. Erst recht der streitigen. Durch das Nachfragen verhindert man Missverständnisse. Klärt in einem Streit die Grundlage, aus der heraus die Gegenargumentation entsteht. Verhindert Seitwärtsbewegungen aller Streitenden und festigt das Fundament des Diskurses.

Ich gebe zu, dass auch mir Diskussionen entglitten sind, wenn mein emotionaler Haushalt oder meine Konzentrationsfähigkeit und -bereitschaft meine Fähigkeit zuzuhören beeinträchtigt haben. Daraus sind teils seltsame, meist unbefriedigende Streitgespräche geworden. Eine solche Korrektur hätte allen gutgetan. Auch mir. Als mein Vater älter wurde, ich war mitten in der Pubertät, wurde ich zu seinem Hauptgesprächspartner. Wir diskutierten über den Alltag, über Politik, über alles und nichts. Seine Hörfähigkeit war zu diesem Zeitpunkt schon deutlich eingeschränkt. Ich musste kürzere

Sätze formulieren, deutlicher und lauter sprechen. Ich sah, wie glücklich er war, wenn er mit mir im Dialog stand. Und konnte nachvollziehen, wie still – im wahrsten Sinne des Wortes – es in ihm geworden sein musste und wie sehr er die Gespräche mit vielen Menschen vermisste. Gehört zu werden und zu hören, mit Menschen in Verbindung zu stehen, Kommunikation, ist Leben. Vieles, worüber wir sprachen, überforderte mich, weil er mit mir sprach wie mit einem Erwachsenen, mit seinen Freunden. Ich versuchte, mein mangelndes Wissen, mein mangelndes Verstehen zu kaschieren, indem ich ihm widersprach, laut und leidenschaftlich. Nach langen Monologen wurde ich von meinem Vater mit der Bemerkung »Wo ist dein Argument?« unterbrochen – was mich noch lauter und leidenschaftlicher erwidern ließ: »Du verstehst mich einfach nicht!« Etwas traurig merke ich, dass ich ihn in diesen Jahren zwar gehört, ihm aber nicht genug zugehört habe. Und deswegen meine Antworten, meine Bemerkungen, meine Reaktionen ungenügend waren.

Das Privileg der Jugend, alles besser zu wissen, übte ich nicht nur gegenüber meinen Eltern aus. Allerdings merkte ich schnell, dass diejenigen, mit denen ich wirklich ins Gespräch kommen wollte, diejenigen, die mir klüger, gebildeter, interessanter erschienen, als ich es selbst war, mir erst dann Interesse entgegenbrachten, als ich lernte, dass die Voraussetzungen des Dialogs – Empathie, Wissen, Verstehen – primär durch ein lebenslanges Zuhören entstehen. Erst recht, wenn man unterschiedlicher Meinung ist.

Zuhören kann man lernen. Muss man üben.
Muss man lernen. Wenn schon nicht als Kind zu
Hause, dann in der Schule. Dass in unseren
Bildungscurricula das Fach »Dialogisches Gespräch
und Streit« nicht vorhanden ist, ist ein großes
Versäumnis. In einer sich als offen verstehenden
Gesellschaft, in einer Demokratie, in der die
streitige Diskussion der kategorische Imperativ
ist, ist es nicht nachvollziehbar, dass die Bildungs-
institutionen diese Kernfähigkeit nicht besonders
hervorheben.

V.

Fanatiker, Extremisten, Populisten hören nicht zu.
Sie interessieren sich nicht für andere Meinungen.
Nur für die eigene.

Dass die Hassenden mit ihrer Begrenztheit die
anderen begrenzen, weil es ihnen Angst macht,
sich vorzustellen, wie grenzenlos Menschen sein
wollen und können, und ebendiese Menschen
also so verkleinern, reduzieren und begrenzen
wollen, wie sie sich selbst fühlen, ist in der
analogen und digitalen Sprechwelt keine Ausnahme mehr. Sie wollen ihre Angst auf alle anderen
verteilen, indem sie ihnen Angst machen, im
privaten wie öffentlichen Streit bedrohen, verlet-
zen, beleidigen, ihnen die Menschenwürde absprechen.
chen. Dass sich die Hassenden, die sich in ihren
fensterlosen, dunklen Räumen und Gängen nicht
vorstellen können, dass Menschen sich auf den
Weg machen, um ihre Mauern zu überwinden,
sich und andere zu entdecken, den Pluralismus

des Menschen zu fördern und es zulassen, dass die Neugier stärker ist als die Angst, die Hoffnung auf Freiheit größer ist als die Bedenkenträger des Stillstands, ist das eigentliche Problem der Hassenden. Der Hassende, der sich in seiner Kleinstbürgerlichkeit, in seinem inneren Gefängnis, in seiner Angst vor dem Anderen selbst keinen Sauerstoff zum Atmen gönnt, reduziert den Menschen durch seine Vorurteile, seine Stereotype, seine verbale Gewalt, seine mörderischen Worte, durch seine Aggressionen und seine Monologe und merkt dabei nicht, wie er sich selbst reduziert.

»Man wird doch wohl noch sagen dürfen«, sagen die Populisten. Indem Populisten behaupten, dass man nicht alles sagen darf, sie diesen Prolog verwenden, die Schutz- und Anklageschrift in den Raum werfen, sich als Unterdrückte charakterisieren, unterstellen sie eine Stimmung, eine Atmosphäre in der Gesellschaft, in der sie anscheinend nicht alles laut und öffentlich formulieren dürften. Eine autoritäre Gesellschaft, in der die Meinungsfreiheit nur bedingt oder gar nicht existiert – so ihre Legende. Zur Klarstellung: In den freien Gesellschaften kann man alles sagen. Die Meinungsfreiheit gehört zu den primären zu schützenden Grundrechten. Aber: »Dass wir das Recht haben, etwas zu sagen, heißt bei Weitem nicht, dass wir auch die Pflicht haben, das zu sagen. Die Zivilisation beruht eben darauf und auch die Demokratie beruht darauf, dass wir viele Dinge das Recht haben zu sagen, aber es nicht sagen. Weil wir nicht unnötigerweise beleidigen oder hetzen oder psychologischen Schaden anrichten wollen«,[12] so Timothy Garton Ash.

Zur Meinungsfreiheit in einer demokratischen Gesellschaft gehört konstitutiv der Widerspruch, der zu einem erneuten Widerspruch und zu einem weiteren Widerspruch führt. Wer den Widerspruch nicht erträgt, unterdrückt die Meinungsfreiheit. Populisten halten den Widerspruch nicht aus. Sie sind diejenigen, die die Meinungsfreiheit nur so lange verteidigen, solange sie in ihre Richtung geht. Demokraten halten den Widerspruch nicht nur aus, sondern wissen, dass dieser für eine engagierte Diskursgesellschaft unverzichtbar ist. Und ja, es ist richtig, sich darüber Gedanken zu machen, dass dort, wo die Meinungsfreiheit die Würde des Menschen mit Füßen tritt, es auch rechtliche Gegenmaßnahmen geben kann, um die Verletzung des Artikels 1 des Grundgesetzes zu sanktionieren. Nennt man das nicht wehrhafte Demokratie? Die Konzeption von Rede und Gegenrede, von These und Antithese, von Widerspruch und erneutem Widerspruch geht autoritär strukturierten Individuen und Systemen gegen den Strich. In ihrem autoritären Weltbild tun sie nur so, als ob sie im Diskurs, im Dialog mitwirken. In Wirklichkeit suchen sie nach Dominanz und Allmacht, und dort, wo Widerspruch angemeldet wird, versuchen sie diesen zu unterdrücken oder verächtlich zu machen. Die Anzahl solcher autoritären Diskursangebote steigt erschreckend an. Ihre Verlautbarungen sind laut und aggressiv. Und irritierend bis erschreckend ist die Hilflosigkeit der Demokraten, mit diesem Phänomen umzugehen.

Jahrhundertelang wurde um Freiheitsrechte, insbesondere um die Meinungsfreiheit, gerungen und gekämpft. **Streiten und die freie Meinungs-äußerung sind der Sauerstoff der Demokratie.** Demokratie eröffnet Diskursräume, schützt öffentliche Räume, in denen die unterschiedlichsten Perspektiven, Meinungen, Argumente angstfrei ausgetauscht werden können. Demokratie bedeutet streiten. Opposition. Widerspruch. Im Gegensatz zur Diktatur, in der jegliche Kritik gegenüber den Mächtigen brutal unterdrückt wird – wie in Russland, China, Belarus, immer noch in großen Teilen der Welt –, ist es in der Demokratie möglich, dass selbst diejenigen, die diese Demokratie zerstören wollen, ihre Meinung öffentlich kundtun können. Grenzenlos? Sicher nicht. Auch die Meinungsfreiheit bewegt sich – wie alle anderen Grundrechte – im Spannungsfeld dieser anderen Grundrechte. Das Stoppschild der Meinungsfreiheit ist dann erreicht, wenn sie Artikel 1 des Grundgesetzes »Die Würde des Menschen ist unantastbar« verletzt. Der Theaterschriftsteller George Tabori übersetzt Artikel 1 in die literarische Metapher »Jeder ist jemand«[13]. Die Hassenden, die Demokratiefeinde, diejenigen, die behaupten, sie würden »das Volk« repräsentieren, schreien in den öffentlichen Raum: »Das ist ein Trugschluss! Einige sind niemand!« Diese Demokratie- und Menschenhasser verstecken sich hinter verschiedenen »-ismen«. Sie überdecken ihren Hass mit extremistischen pseudopolitischen oder pseudoreligiösen Ideologien. Manchmal auch mit nichts.

VI.

Wann haben Sie das letzte Mal gelogen? Und seien Sie bitte ehrlich! Keine weitere Lüge … Sozialpsychologische Forschungsergebnisse ebenso wie neurobiologische Erkenntnisse machen deutlich, dass der Mensch regelmäßig und häufig lügt. Was nicht dasselbe bedeutet wie »Der Mensch ist ein Lügner«. Wir lügen, um unser Alltagsleben funktionsfähig zu halten. Wir lügen, um zu überleben. Wir lügen, weil wir Beziehungen nicht gefährden wollen (und gefährden sie damit langfristig erst recht). Wir glauben, Streit vermeiden zu können, indem wir lügen. Man kann den Streit dadurch zwar unterdrücken, unter einer dicken Betonschicht begraben, ihn stigmatisieren, maximal negativ in die kulturelle Betrachtung einordnen. Letztendlich weiß aber jeder Paartherapeut, jeder Psychoanalytiker, jeder Konfliktforscher, jeder Politologe, dass das nicht ausgesprochene Wort, der Gedanke, der nicht in das Gespräch eingeflossen ist, sich zu einem dickflüssigen Gift verdichtet. Die Lüge macht das Streiten unmöglich. Zwar könnte man entgegnen, dass das Streiten die Lüge unmöglich macht, wenn sich das Lügen aber auf Tatsachen und Fakten bezieht, ist der Streit das falsche Instrument. Das richtige Instrument kann nur die gemeinsame Wiederherstellung des Wissens sein. Streiten ist nur auf dem Boden der Tatsachen möglich. Werden diese geleugnet, ist der Streit unmöglich. Lügen sind destruktiv und stellen die Weichen für scheinbar überraschende Aggressionen, Gewalt und unter Nationen Krieg. Solange diese Lügen uns unbewusst im Rahmen des archaischen Überlebensmusters über die Lippen kommen, sollte man sie sich bewusst machen und daran arbeiten. Manchmal weiß man es auch einfach nicht besser. Jean Cocteau warnt uns aber zu Recht, das Phänomen der Lüge nicht herunter zuspielen: »Ein halbleeres Glas Wein ist zwar zugleich ein halbvolles, aber eine halbe Lüge mitnichten eine halbe Wahrheit.«[14] Uns nicht zu belügen, während wir lügen, dass wir nicht lügen, ist die große Herausforderung.

»Wer die Wahrheit nicht weiß, ist bloß ein Dummkopf, wer sie aber weiß und sie eine Lüge nennt, ist ein Verbrecher«[15], sagt Bertolt Brecht. Nimmt man den Brecht'schen Maßstab auf, agieren in unserer Gegenwart viele »politische Verbrecher«. Es ist nicht überraschend, dass die meisten davon Diktatoren, Autokraten oder Tyrannen sind. Der russische Präsident Putin, der chinesische Präsident Xi sind Berufslügner, die ihr eigenes Volk belügen und betrügen und die Welt sowieso. Einen lügenfreien Diskurs, einen offenen Streit können sie per Definition nicht zulassen. Er würde ihre Macht gefährden, ihre Aussagen infrage stellen, ihre Lügen demaskieren. Korrupte und gewalttätige Machthaber und ihre Kofferträger bauen ihre Macht auf einerseits Gewalt und auf andererseits Lüge auf. Wobei man hinzufügen muss, dass bewusstes Lügen ebenfalls ein Akt der Gewalt ist. Die politische Strategie, bewusst zu lügen, ist allerdings in den letzten Jahren auch in demokratische Staaten eingesickert. Ob Victor Orbán in Ungarn, Jaroslaw Kaczynski in Polen, die FPÖ in

Österreich, ob Matteo Salvini und die Lega Nord oder die Fünf-Sterne-Bewegung in Italien, die AfD in Deutschland – sie alle streiten im öffentlichen Raum mit bewussten Falschbehauptungen, mit der bewussten Ablehnung von Tatsachen und Wahrheiten. Ihre Strategie ist eigentlich banal: Es kann nicht sein, was nicht sein darf. Sie konstruieren eine Scheinwelt, eine Illusion, die ihnen die alleinige (Definitions-)Macht ermöglichen soll. Sie erzählen den Menschen die »Wahrheiten«, die einige von ihnen hören wollen und die den Populisten nutzen. Propaganda. Sie formatieren Realität um und greifen diejenigen gnadenlos an, die ihnen auf die Schliche gekommen sind, die mit ihnen streiten wollen, um ihnen die Maske der Lüge herunterzureißen und ihre Propagandathesen streitig zu stellen, indem sie die, die sie angreifen, als Lügner beschimpfen. Obwohl sie es selbst sind. Sie verleumden ihre Gegner als »Volksverräter«, indem sie sie diffamieren und lächerlich machen, indem sie drohen und ihre Machtfantasien explodieren lassen. Diese Methode der Populisten, von linksextrem bis rechtsextrem, von Ideologen welcher Ideologie auch immer, verändert das 21. Jahrhundert und die demokratischen Fundamente wie schon seit Langem nichts mehr. Je komplexer Gesellschaften, je komplexer das Wissen, je komplexer die nötigen Differenzierungen, je interdisziplinärer das notwendige Wissen, desto gefährlicher ist diese Banalisierung für den Streit, den Diskurs, den Konflikt. Ich stimme Johann Wolfgang von Goethe zu, wenn er sagt: »Mit dem Wissen wächst der Zweifel.«[16] Zivilisierte

Streitkultur nimmt diesen Zweifel offensiv auf. Der Zweifel ist in einer zivilisierten Denkkultur inkludiert, in autoritären Denkstrukturen exkludiert. Denken ohne Zweifeln ist kein Denken.

Meine Motivation, mit anderen Menschen in den Dialog zu treten, in den Streit zu gehen, ist, diesem immanenten Zweifel Nahrung zu geben, nachzuprüfen, ob meine Sicht auf diese Welt, meine Gedanken, meine Argumente in der Gegenspiegelung Bestand haben. Sich durch und mit anderen Menschen im Streit zu überprüfen und daraus Erkenntnis zu erlangen, von anderen zu lernen, macht das Streiten so konstruktiv, so notwendig.

Querdenker, Verschwörungstheoretiker, Antidemokraten, Zyniker, Menschenverachter, politisch populistische Parteien vereinen sich, indem sie sich und andere anlügen oder bewusst Lügen als Tatsachen verkaufen, um die Tatsachen, die sie bedrohen könnten, wegzuradieren. Eine der ältesten dieser Lügen ist die der »jüdischen Weltverschwörung«, die noch immer reproduziert wird. Der ehemalige amerikanische Präsident Donald Trump hat diese Methode maximiert, pervertiert und damit eine Form des »Streitens« etabliert, die diesen Namen nicht verdient. Trump, Bolsonaro und die anderen streiten nicht. Sie werfen skrupellos ihre Fehlinformationen in die Welt. Sie unterstützen diejenigen, die sich gegen die Aufklärung, gegen das Wissen, gegen den Humanismus, gegen den Fortschritt wenden. Sie pushen die Ängstlichen, die Unsicheren und diejenigen, die es nicht besser wissen können, weil sie vom Informationsfluss der Gegenwart nur das wahrnehmen, was in ihre Lebenswelt hineinpasst. Der Philosoph Markus Gabriel antwortete in einem Interview mit Deutschlandfunk Kultur auf die Frage, ob wir in dunklen Zeiten leben: »Und ob, muss man leider sagen. Dunkle Zeiten sind Zeiten, in denen das, was wir aus moralischen – also alle Menschen betreffenden – Gründen tun beziehungsweise unterlassen sollen, durch Propaganda, Ideologie, Fake News, Halbwahrheiten und so weiter verdeckt wird. Und je mehr solcher Verdeckungsstrategien wir haben, desto dunkler die Zeiten.«[17]

Wenn die Donald Trumps dieser Welt von »Fake News« sprechen und damit diejenigen meinen, die sich bemühen, die unterschiedlichen Perspektiven, Analysen und Meinungen, die den eigenen widersprechen, in den Diskurs- und Streitraum einzuführen, dann sind nicht Letztere diejenigen, die lügen und mit Falsch- und Fehlinformationen operieren, sondern die Trumps, die diese nicht zulassen wollen. Nicht die mit dem Fake-News-Vorwurf Konfrontierten arbeiten mit manipulierten oder erfundenen Nachrichten oder Informationen, sondern die Absender. Der Versuch, den pluralistischen Medienbetrieb zu umgehen, in dem Journalisten mit unterschiedlichsten Interpretationen und Analysen die Bevölkerung informieren und damit im publizistischen Diskurs- und Streitraum die Diskussion um die Einordnung von Tatsachen ermöglichen, wird im 21. Jahrhundert durch die Digitalisierung und die sozialen Medien erleichtert. **Auf Twitter lügt es sich leichter als in der New York Times.** Deswegen muss man insbesondere jüngeren Generationen eine qualitativere

Medienkompetenz vermitteln. Die Medienkommunikation des 21. Jahrhunderts ist in der digitalen Welt angekommen. Die Möglichkeiten der Manipulation haben bereits jetzt einen Höhepunkt erreicht. In zehn Jahren wird dieser Raum rückblickend als geordneter Raum erscheinen. Es ist leicht vorhersehbar, dass die Manipulation des Diskurses mithilfe künstlicher Intelligenz eine neue Qualität erreicht. – Schon heute ist bereits ein Punkt erreicht, an dem es kaum möglich ist, professionell konzipierte Lügen zu enttarnen. Es wird für die Kommunikationsteilnehmer in Zukunft noch schwieriger sein, die Hintergründe, die Realitäten und die Überprüfung der Informationen nachzuvollziehen und zu verifizieren. Dies ist eine der größten Gefahren für die Streitkultur der Zukunft.

Die eine (objektive) Wahrheit gibt es nicht (wenn man nicht religiös ist), sondern viele Perspektiven von Wahrheiten. Aber Tatsachen, Realitäten gibt es. Es ist eine Tatsache, dass die Erde sich um die Sonne dreht. Es ist eine Tatsache, dass die Erde keine Scheibe ist. Es ist eine Tatsache, dass es die Schwerkraft gibt. Meine letzte Begegnung mit einem Menschen, der mit mir über diese Frage streiten wollte und mir sagte, dass dies eine Lüge sei, die von wem auch immer erfunden wurde, und dem ich erwidert hatte, dass dieser Gedanke naturwissenschaftlich bewiesen ist, und der mir daraufhin erwiderte, dass auch das wiederum eine Lüge sei, brachte mich an den Rand der Verzweiflung. Wie diskutieren, wie streiten, wenn wissenschaftlich erwiesene Grundlagen nicht als gemeinsame Plattform eines Streites anerkannt sind? Ich griff zum letzten Strohhalm und sagte dem Betreffenden: »Sie erkennen weder die Tatsache noch den Beweis an. Ich mache Ihnen einen Vorschlag: Wir beide spielen Wissenschaft. Diese lebt von Experiment und Beweis. Wir gehen in den zehnten Stock eines Gebäudes. Da ich davon ausgehe, dass es die Schwerkraft gibt, werde ich die zehn Stockwerke runterlaufen. Da Sie meinen, dass das eine Lüge der Weltverschwörung ist, stürzen Sie sich vom Balkon. Wenn wir uns unten wiedersehen, wissen wir, was Tatsache ist.« Da die Person sich nicht auf das Experiment eingelassen hat, gehe ich davon aus, dass sie bis heute rumläuft und ihre kruden Theorien weiterverbreitet. In der Corona-Krise wird die Tatsachenverweigerung im wahrsten Sinne des Wortes lebensgefährlich. Das Leugnen des Virus oder die Erzählweise, dies sei so harmlos wie das Grippevirus, oder der Vorwurf, das Virus gäbe es, damit die Reichen und Mächtigen noch mehr Macht über diese Welt haben, noch mehr Menschen kontrollieren können, ist keine Streitansage, sondern das Ende des Streites, die Unmöglichkeit, eine Brücke zu schlagen. Wer Tatsachen leugnet, erzwingt das Ende des Dialogs. Der gesellschaftspolitische Diskurs, der notwendige Streit über die Maßnahmen, über die Verhältnismäßigkeit des Eingreifens in Grundrechte, das Abwägen von sozialen, ökonomischen und Bildungskonsequenzen ist unverzichtbar. Auch der Streit über die AHA-Regeln ist mehr als notwendig und zulässig. Aber all diese Fragen setzen voraus, dass die Tatsache, dass dieses Virus tödlich sein kann, ebenso Grundlage der Suche nach Antworten und Lösungen ist, wie die, dass ein Virus an sich ein Nichts ist, solange es nicht den Kontakt mit den Menschen hat. Es fällt immer wieder auf, dass Menschen, die sich bedroht fühlen und die Komplexität der Bedrohung nicht einordnen können, diese Komplexität entweder nicht anerkennen oder verdrängen oder so dekonstruieren, dass nichts mehr von dieser Gefahr übrigbleibt. Insbesondere dann, wenn noch keine Auflösung der Bedrohung in Sicht ist. Dieses regressive Verhalten, diese Infantilisierung ist das eine. Wenn aber Gruppen, Parteien oder Individuen dieses Verhalten befeuern, es für ihre Macht- und kommerziellen Zwecke benutzen und dabei so tun, als ob sie argumentieren, diskutieren, in Wirklichkeit aber das Nachdenken unterdrücken und damit das Streiten unmöglich machen, dann wird diese explosive Mischung zu einer ernst zu nehmenden, gefährlichen Realität. Genau damit haben wir es auch rund um den Corona-Diskurs zu tun: Millionen Menschen isolieren sich und entziehen sich den lösungsorientierten Diskurs- und Streiträumen und bunkern sich in analogen und digitalen Räumen ein. Und immer wieder hört man von denen, die das tun, wenn man auf sie reagiert: »Wir werden unterdrückt!«, »Wir können nicht sagen, was wir denken!«, »Wir sind das Volk!«, »Hier ist keine Demokratie!« und »Wartet nur, bis wir an der Macht sind!«

Ein Streit ist nur möglich, wenn sich die daran beteiligten Parteien auf ein Mindestmaß an Wissen und Tatsachen geeinigt haben. Ab da ist alles möglich. Diese Voraussetzung wird brüchiger. Das führt dazu, dass das, was als Streiten erscheint, oft nur noch ein Zurufen, ein Zubellen von imaginärer Welt, von erwünschten und erhofften Pseudofakten, Vereinfachungen und damit eine nicht mehr ernst zu nehmende Argumentation ist. Ein Selbstgespräch, dessen Methode der Gegenentwurf des Dialogs ist. Das macht den Streit unmöglich. Unerwünscht. Erwünscht ist die Rekonfirmation unter Gleichgesinnten. Sie ist Methode und Ziel dieses Prozesses. Auch das ist eigentlich nichts Neues. Zwar hatte man die Hoffnung, dass sich die Streitkultur in Demokratien, in pluralistischen Diskursräumen entwickelt, muss aber feststellen, dass das Fundament dieser Hoffnung erschüttert wird. Die digitale Welt und die sozialen Medien bilden diese vereinsamten, einseitigen, monologistischen Tendenzen in ihren Echoräumen dramatisch ab. Geschlossene Systeme, die wie eine Lawine immer größer und gefährlicher werden, wenn sie auf dem Boden der Tatsachen aufprallen. Sich dabei anonymisieren. Gesichtslosigkeit als Schutz. Dass Algorithmen diese Systeme darüber hinaus systematisch dynamisieren, also belohnen, stärken, in den Vordergrund stellen, ist eine Bedrohung für den offenen Diskursraum und die Demokratie.

Gefährlich ist dabei auch, dass wenige monopolistische Digitalunternehmen zu fast unkontrollierter Macht gekommen sind, die den globalen Informations- und Meinungsprozess so allumfassend organisieren, dynamisieren und mit Inhalten füllen können, wie dies in der Menschheitsgeschichte noch nie der Fall war. Dass diese Macht sich über jegliche politische Macht stellen kann, konnte man an der Tatsache ablesen, dass Twitter jahrelang von den Lügen- und Hetzsystemen Trumps profitiert und ihn wenige Tage vor Ende seiner Amtszeit nach der Erstürmung des Kapitols plötzlich stummgeschaltet hat. Die Begründung: im Interesse der Demokratie. Was für eine Heuchelei, was für eine Doppelmoral. Welche Konsequenz hat es für die Meinungsfreiheit, dass diese eingeschränkt wird, und zwar nicht durch demokratische Abstimmungsprozesse, sondern durch die Entscheidungen irgendwelcher CEOs von Medienkonzernen? Man nennt das *Zensur*.

Dieses Schneeballsystem wird sowohl von ökonomischen Akteuren als auch von totalitären wie mittlerweile auch demokratischen Staaten in Form von Bots und Trollen eingesetzt. Inzwischen werden damit demokratische Wahlen beeinflusst. Die zivilisierte Streitkultur muss lernen, diese manipulativen Wirkungen zu begreifen und zu bekämpfen, sie muss aber genauso lernen, sich in diese Realität einzubringen. Es ist bedenklich, dass die digitale Welt, dieses mächtige Kommunikationsuniversum, in vielen Bereichen immer noch als rechtsfreier Raum erscheint. Rechtsstaatliche Maßnahmen scheinen ein stumpfes Schwert zu sein. Gegen dieses globalisierteste aller ökonomischen Produkte sowohl im Hard- wie auch im Softwarebereich sind Sanktionen deutlich schwerer umzusetzen als in der nicht-digitalen Welt. Umso mehr, da in den unterschiedlichen Ländern, in denen die Aktivitäten stattfinden, unterschiedliche Regeln gelten. Allein die Rückverfolgung von IP-Adressen ist ein dornenreicher Weg. Während in

Deutschland und in vielen Ländern Europas die Meinungsfreiheit durch Gesetze spezifiziert ist und Verstöße strafbar sind (z. B. das Leugnen des Holocausts), ist die digitale Welt in den Vereinigten Staaten von Amerika uneingeschränkter. Digitaler Hatespeech, der von Absendern in Diktaturen (auch von den Diktatoren selbst) verschickt wird, ist rechtlich kaum zu kanalisieren. – Ich werde oft gefragt, was man denn tun könne, wenn man im Netz mit menschenverachtenden, rassistischen und antisemitischen Parolen konfrontiert wird. Meine Antwort: »Strafanzeige stellen, wenn dies möglich ist.« Und ich frage: »Wie verhältst du dich in der realen Welt? Wie wäre es denn, wenn du beim Abendessen einer Person begegnet wärst, die solche Sachen formuliert hätte? Würdest du schweigen, weghören, nicht hören, überhören? Oder würdest du widersprechen? Deine Position kenntlich und klar machen?« Diese Frage stellt sich genauso in der digitalen Welt. So wie man sich bei diesem Abendessen einbringen sollte, muss man es auch im Netz. Dann ist der letzte Kommentar nicht mehr der der Hassenden, sondern der derjenigen, die für eine humane, zivilisierte Gesellschaft stehen. Und ja, ich weiß: Es ist mühsam. Und ja, ich weiß: Es ist frustrierend. Und ja, ich weiß: Es ist anstrengend. Aber was ist eigentlich mühsamer, frustrierender, anstrengender: Wenn man inter-veniert oder wenn man denjenigen, die hassen, im Digitalen wie im Analogen, das letzte Wort überlässt?

Oft erkennt man die Wahrheit nicht. Die Lüge schon eher. Je wissender der Mensch ist, desto besser weiß er, dass das jeweilige Wissen diffus ist und überprüft werden muss. Lernen, Wissen, Verstehen ist eine unendliche Geschichte. Immer nur der Fußabdruck der Zeit, in der wir leben, der durch die Erkenntnisse der nächsten Zeit wieder aufgehoben werden kann. Dass wir die Fähigkeit zu dieser Erkenntnis haben, verdanken wir unserer Denkfähigkeit. Die wiederum die Voraussetzung für das Streiten ist. Wer lügt, streitet nicht. Ist nicht am Diskurs interessiert. Nicht an der Wahrheit. Nicht am Austausch. Wer lügt, lügt.

VII.

Meine Großmutter lernte ich kennen als eine emanzipierte Frau, die von unersättlichem Wissenshunger getrieben war. Sie wurde im Jahre 1897 in Polen geboren. Schon in den 1920er-Jahren reiste sie nach Venedig, Capri und Paris, weil sie die Welt kennenlernen wollte. Allein. Ohne ihren Ehemann. Damit widersprach sie damals allen Konventionen und Erwartungen. Als ich 15 wurde und wieder einmal eine heftige Diskussion mit ihr hatte (und ich liebte die Diskussionen mit ihr), sagte sie mir, dass ich für sie erst dann ein ernst zu nehmender Streit- und Gesprächspartner wäre, wenn ich zumindest die Philosophen Spinoza und Schopenhauer gelesen hätte. Obwohl ich genau verstand, was sie mir damit sagen wollte, beschimpfte ich sie äußerst heftig für diese Bemerkung. »Arrogant«, »überheblich«, »bildungsbesessen«, »lächerlich«, »typisch alt« waren nur einige meiner Anklagen, an die ich mich noch erinnern kann. Ich fühlte mich nicht anerkannt. Nicht respektiert. Diskriminiert. Gedemütigt. Ich erwiderte, dass ich nichts gegen diese beiden hätte, dass es vielleicht sogar nützlich wäre, sie zu lesen, aber dass ich Bücher gelesen hätte, die sie vielleicht noch nicht gelesen hat. Und selbst wenn ich noch überhaupt keine Bücher gelesen hätte, hätte ich aber aus meiner Perspektive der Jugend und überhaupt aus der Tatsache heraus, dass ich ein Mensch sei wie sie, ein Argument in unserem Streit anbieten können. Ein Argument, das sie ja noch gar nicht erahnen kann, weil sie mich zum Streit gar nicht erst zulässt.

Die Anerkennung von Menschen ist ebenso wie die Anerkennung von Tatsachen eine unverzichtbare Voraussetzung für den streitigen Dialog. In diesem Zusammenhang wird auch von »Augenhöhe« gesprochen – ein Begriff, den ich für unangebracht halte, weil ich mir nie ganz darüber im Klaren bin, wessen Augen auf wessen Höhe justiert werden müssen. Auch wäre es missverständlich, davon auszugehen, dass es irgendjemanden gäbe, der den Maßstab der Anerkennung formulieren darf. Anerkennung ist ein Recht an sich. Ein Menschenrecht. Das nicht zur Verhandlung steht, sondern a priori gedacht werden muss. Aber genau in diesem Gedanken steckt die Schwierigkeit. Einem sechsjährigen Kind a priori die Anerkennung zuzubilligen, bei einem Thema so ernst genommen zu werden wie sein Lehrer, ist eine komplexe Herausforderung. Vieles spricht dafür, dies zu bezweifeln, diesen Gedanken streitig zu stellen. Ihn abzulehnen. Aber was würden wir davon halten, wenn jemand die These aufstellt, dass ein wenig gebildeter Mensch in seiner Argumentation nicht dieselbe Anerkennung verdient wie ein Akademiker. Oder ein Akademiker weniger Anerkennung verdient als ein Nobelpreisträger. Nun könnte man einwenden, dass die Tatsache, dass jemand mehr weiß, nicht ignoriert werden kann. Man könnte aber auch einwenden, dass jemand mehr verstehen kann, obwohl er weniger Wissen hat. Man könnte sogar einwenden, dass die Priorisierung desjenigen, der älter ist, mehr Lebenserfahrung hat und/oder mehr weiß, nicht die Aberkennung der Anerkennung des Jüngeren oder weniger Gebildeten bedeutet, sondern – und zwar nur auf dieser Ebene – die Anerkennung dieses individuellen Vorsprungs. Man könnte aber auch einwenden, dass dieser Vorsprung des einen nur ein temporärer Rückstand des anderen ist, da die Subsumption der Gegenwart und Zukunft von Menschen, die in dieser Gegenwart ihre Zukunft entwickeln, uneinholbar ist. Man merkt: Die Perspektivwechsel, die Unendlichkeit dieser Denkmethode und eine unübersehbare Beliebigkeit solcher Kritik bergen Gefahren in sich. Und die Frage nach der letztendlichen Definitionsmacht, und wem sie zugebilligt wird, ist immer wieder von entscheidender Bedeutung. Streitsubjekte sind nie neutral. Informationen und Wissen sind zwar objektivierbar, haben allerdings, wenn sie im Diskursraum zur Begründung eigener Haltungen und Thesen verwendet werden, immer auch einen subjektiven Anteil. Umso wichtiger ist die gegenseitige Anerkennung des Menschen als Subjekt. Deswegen haben alle modernen demokratisch-zivilisierten Gesellschaften sich darauf geeinigt – auch Deutschland mit dem Artikel 3 des Grundgesetzes –, dass alle Menschen gleich sind und das jegliche Diskriminierung abgelehnt wird. Diese rechtliche Garantie bestätigt das von mir erwähnte Anerkennungsprinzip des Apriori. Deshalb zählt auch bei Wahlen jede Stimme gleich. Dabei wird weder der akademische Grad noch das Alter hinterfragt, weder die politische Bildung noch das Einkommen. Diese Gleichheit in den Diskursraum zu übertragen, scheint noch lange nicht vollzogen, ist noch lange nicht gelebte Realität. Und doch: Voraussetzung des dialogischen Streites ist der Respekt der Streitenden untereinander. Ohne diesen Respekt geht nichts – gut. Umso mehr, weil Streit Widerspruch anmeldet und dabei der Gedanke des Gegenübers infrage gestellt wird. Wenn streitige Diskussionen wirklich nur ein rationaler, vernunfts- und argumentationsbezogener Prozess wären, wäre das Infragestellen problemloser. Dass die Vernunft und das Argument konstitutiv für den Streit sind, ist unstreitig. Dass aber die Erwartung, die mit der Kant'schen Hoffnung auf die Vernunft gesetzt wurde, nicht in Erfüllung geht, erscheint mir genauso unstreitig. Der Gott-Kant, der für einige Gott abgelöst hat, hat sein Versprechen genauso wenig erfüllen können wie Gott. Zwar hat der Mensch die Chance, ein Vernunftwesen zu sein, zwar ist der Mensch mit seinem Großhirn dazu in der Lage, aber zu ignorieren, dass er viel länger schon ein emotionales und Triebwesen ist, wäre äußerst unvernünftig. Das ändert allerdings nichts daran, dass Streit und Erkenntnis nur möglich sind, wenn der Mensch den Weg der Vernunft und des Argumentes weiterentwickelt. Seit wenigen Jahrzehnten berücksichtigen wir dabei, dass ein Verstehen, auch ein Vernunftverstehen, nur möglich ist, wenn wir die emotionale Intelligenz zu verstehen lernen und diese in unserer Argumentation konzeptionell berücksichtigen. Insbesondere, wenn sich zwei oder mehr Menschen mit unterschiedlichen Meinungen, Haltungen und Interessen, die sie streitig stellen, begegnen. Dass nach der Befreiung von Hitler in Deutschland die Frage zentral aufgeworfen wurde, wie das Volk der Dichter und Denker zum Volk der Mörder und Henker werden konnte, zeigt auf, dass das naive Vertrauen auf Intellektualität, kulturelle Bildung und Wissen allein ein gefährliches Missverständnis ist. Die Tatsache, dass man Goethe rezitieren kann, führt nicht kausal dazu, dass man kein Massenmörder sein kann. Und die Tatsache, dass man Goethe nicht rezitieren kann, führt nicht kausal dazu, dass man eher ein Massenmörder wird.

Ich bin leidenschaftlich dafür, dass Menschen einen maximalen Anspruch auf Bildung haben. Alle Menschen. Ich halte es für einen der größten Skandale der Demokratien, dass die Bildungsungleichheit immer noch ein strukturelles Problem ist. Nur der Zugang zu Bildung ermöglicht dem Menschen Fortschritt. Ein Verstehen der Welt, in der er lebt. Das Überwinden von sozialen und kulturellen Grenzen. Bildung bedeutet für mich einerseits kognitive Bildung, andererseits aber auch emotionale Bildung. Empathie ist die Voraussetzung zur

Beziehung zwischen Menschen. Jeder Streit, jede Diskussion ist eine Beziehung, die immer wieder neu entsteht. Nur mit Empathie entsteht ein zivilisierter Dialog, ein zivilisierter Streit. Anerkennung ist ohne diese Empathie unmöglich. Zu versuchen, sich in einen anderen Menschen hineinzuversetzen, seinen Standpunkt zu verstehen, setzt kognitive und emotionale Bildung voraus. Alle diese Voraussetzungen müssen erfüllt werden, um Streitkompetenz erlernen zu können. Diese Streitkompetenz ist bereits in der realen Welt eine große Hürde. Die Transformation dieser Voraussetzungen in die digitale Welt erfordert weitere Kompetenzen. Die Distanz, die Bildschirme, das Ausbleiben der sinnlichen Beziehungen sind für die Fähigkeit, empathische Beziehungen zu entwickeln, eine Herausforderung. Auch hier gilt es, erst recht für die junge Generation, neue Lernmethoden zu entwickeln, um diese Hindernisse zu kompensieren. Denn es ist nicht nur die Corona-Pandemie, die »distanzierte« Kommunikation erfordert, in der wir feinmotorische Reaktionen, wenn überhaupt, viel zu spät erfassen und im wahrsten Sinne des Wortes, obwohl verbunden, meilenweit voneinander entfernt sind.

VIII.

Mascha Kaléko schreibt in ihrem Gedicht »Kleine Auseinandersetzung!«: »Du hast mir nur ein kleines Wort gesagt und die Worte kann man leider nicht radieren. Nun geht das kleine Wort mit mir spazieren. Und nagt.«[18] Verletzt. Schmerzt. Kränkt.

Tötet. Ein Wort kann mehr Schlagkraft haben als ein Fausthieb. Der Vorläufer der Brandstiftung ist die geistige, verbale Brandstiftung. Worte sind mächtig. Der Mensch, der sie aneinanderreiht, ist für sie verantwortlich. Wer sie benutzt, wer mit Worten Gedanken und Gefühle ausdrückt, wer dank der Worte redet, diskutiert und streitet, muss sich dessen bewusst werden. Zivilisiertes Streiten bedeutet, sich darüber im Klaren zu sein. Doch Worte sind nicht nur mächtig, sondern auch Macht. Worte erzeugen Bilder. Worte öffnen Welten. Gezielt eingesetzte Worte und Wörter können das Gegenüber lenken. Wer zum Beispiel von »Krieg« spricht, wenn er eigentlich Diskussion, Auseinandersetzung meint, macht sich genau das zunutze. Man nennt das Framing.

IX.

Ich bin in Paris geboren. Streiten, diskutieren, debattieren gehörten seit meiner jüngsten Kindheit zur Alltagskultur in Frankreich. Sprachmelodien, die Wörter, die miteinander in Sätzen tanzten und anderen Sprachmelodien begegneten, waren eine sinnliche Erfahrung. Sprache entsprang einem bewussten Erleben und war gleichzeitig ein großes Erlebnis. Miteinander sprechen, gegeneinander argumentieren eine Selbstverständlichkeit. Als ich nach Deutschland kam, begegnete ich einem eher verstummten, klangarmen, lustlosen, verklemmten Sprachorchester. Die Streitkultur befand sich in einem embryonalen Zustand. Dieser wirkt bis heute. Auch im Vergleich mit dem angelsächsischen

Orchesterraum, in dem die Lust und die alltägliche Übung des Debattierens allgegenwärtig sind, merkt man umso schmerzhafter den Mangel. Die Speakers' Corner im Hyde Park, wo sich alle zu jeder Zeit hinstellen und über alles Reden halten, oder die in Cambridge und Oxford entwickelten studentischen »debating clubs« – die Alltäglichkeit, die Selbstverständlichkeit der heftigen Streitintervention ist in Deutschland nach wie vor unterentwickelt. Sprechen ein aktiver Prozess. Ein geübter, ein zu übender. Sprache ist mächtig. Sprache ist Macht. Ihre Vielschichtigkeit und Vielstimmigkeit ist Chance und Gefahr gleichzeitig. Umso unverzichtbarer ist die Bildung zur Sprache, der Sprache. Umso unentschuldbarer ist, dass sich die Bedeutung der Sprache in unserem Bildungssystem nicht widerspiegelt.

X.

Wir leben in einer Konsensgesellschaft. Spätestens nach der Corona-Pandemie wird sich dieser Zustand verändern. Die letzten Jahrzehnte waren in den Wohlstandsdemokratien davon geprägt, Konflikte zu vermeiden, und sie dort, wo sie auftraten, zu nivellieren. Menschen mit Ecken und Kanten gelten als schwer integrierbar. Wenn in der Moderne von Integration gesprochen wird, wird in Wirklichkeit immer noch Anpassung, Assimilation erwartet. Es ist nicht zu bestreiten, dass in großen politischen, ökonomischen, kulturellen Systemen mittlerweile pluralistische Zwischenräume aufgebaut werden. Gleichzeitig ist aber feststellbar, dass reaktionäre Bewegungen versuchen, diese Räume mit einer vorgekochten Konsenssoße zu verkleben. Auffallen: ja. Eine eigene Meinung haben: ja. Zu viel auffallen, zu viel eigene Meinung: vielleicht besser doch nicht. Nach dem Motto: Vorsicht – Störenfried. Unerwünscht! Positiv könnte man diese Tendenz als konstruktive Konfliktvermeidung interpretieren. Als eine zivilisierte Sozialkompetenz. Negativ könnte man die Frage stellen, ob dadurch Gleichgültigkeit und Verantwortungsabgabe leichter gemacht werden. »Gut, dass wir mal drüber gesprochen haben« ist in heutigen Zeiten gut genug, ausreichend, um sich vorzumachen, dass man in einer ernsthaften Diskussion gewesen sei. Das Gewissen ist beruhigt. Entscheidungen werden in eine anonyme Gruppe delegiert, die diese wiederum in eine anonyme Gruppe delegiert. Die eigene Entscheidungsverantwortung wird ins Unbestimmte verlegt. Die Beliebigkeit hat Hochkonjunktur. Sich die Hände in Unschuld zu waschen, ist ein beliebtes Ritual. Statt Gesicht zu zeigen, ist Gesichtslosigkeit hoch im Kurs. »Heute so, morgen so« fällt dadurch leichter. Dadurch fällt es den Extremisten und Populisten leichter, so zu tun, als würden sie in den Streiträumen die Ecken und Kanten abbilden. Durch die Sehnsucht nach Konsens wird das Denkprofil eher geschwächt als gestärkt. So destruktiv die »Nur ich habe recht«-Haltung ist, so destruktiv ist auch »Alle haben irgendwie ein bisschen recht«. Streit setzt Haltung voraus. Streitende müssen sich über ihre Ausgangsposition austauschen, um sich darüber im Klaren zu sein, wofür der andere steht und warum er dort steht. Das darf nicht im Nebel unerkennbar bleiben.

Beklagenswert ist, dass unsere Bildungssysteme und die Verschulung bis in die Universitäten hinein junge streitwillige Menschen nicht genug fördern. Der ökonomische Druck tut das Seinige. Die Banken- und Finanzkrise und die Corona-Pandemie werden diesen ökonomischen Druck verstärken. So sehr die Sehnsucht nach Konsens nachvollziehbar ist (auch ich hätte ab und zu gerne mal meine Ruhe und würde gern ein bisschen mehr gemocht werden), so sehr muss man sich über dieses tödliche Gift im Klaren sein. Ralf Dahrendorf formuliert das so: »Wer sich auf das süße Gift des Konsenses verläßt [sic], läuft Gefahr, in einen Tiefschlaf zu versinken. Erstarrung, Bewegungsunfähigkeit, Rigidität und infolgedessen die Versuchung der totalen systematischen Veränderung.«[19] Konsens belohnt den Opportunismus. Er belohnt die Kritiklosigkeit. Er belohnt die Beliebigkeit. Er bedroht sogar den Fortschritt. Er bedroht den Widerspruchsgeist. Er bedroht die Individualisierung des Denkens. Er bedroht den kreativen Wahnsinn. Er bedroht den Gedanken, der die bisherigen Gedanken mindestens in Frage stellt. Er bedroht den Streit. Er bedroht die Jugend. Er bedroht die Zukunft. Konsens ist Stillstand und damit Rückschritt. Er bedroht die Evolution. Diese ist in der Menschheitsgeschichte durch Dissens dynamisiert. Mitzunehmen, was aus der Gegenwart noch verwendbar ist, und den Schritt in die Zukunft zu gehen, ist die Dynamik des Evolutionsprozesses. Die Demokratie ist die einzige politische Konstruktion, in der der Widerspruch und der Dissens, die Opposition gegenüber dem Ist-Zustand und der pluralistische Diskursraum durch die Verfassung nicht nur geschützt, sondern als konstitutive Säule erbaut ist. Demokratie ist nur zukunftsfähig, wenn Menschen diese Dissenskultur im (nicht nur politischen) Alltag umsetzen. Also streiten. Dieses Freiheitsrecht braucht die Veralltäglichung, um zu wachsen, und trocknet wie eine nicht gegossene Pflanze aus, wenn es nicht genährt wird.

Die Angst vor dem Konflikt, dem streitigen Dialog, der Auseinandersetzung steht disproportional zu den Freiheitsspielräumen, die die Demokratie den Menschen anbietet. Die Angst vor Sanktion, ob ökonomische, emotionale oder politische, steht ebenfalls in keinem Verhältnis zu den Realitäten der Bundesrepublik Deutschland. Man macht es sich bequem, wenn man sich hinter der Angst versteckt, und verliert dadurch die Schärfe, die die (Meinungs-)Freiheit anbietet. Wer auf dieses Grundrecht verzichtet, wird seiner Verantwortung nicht gerecht.

XI.

Wir müssen reden! Diese Aufforderung erschreckt viele, macht manchen Angst, ist für einige bedrohlich. Da der Mensch aber ein soziales Wesen ist, ist der Austausch von Gedanken und Argumenten unverzichtbar. Nur durch Kommunikation können Menschen ein zivilisiertes, friedliches Leben miteinander gestalten. Die Brückenbildung des Wortes, auch des streitigen Wortes, ist elementar. Sowohl im persönlichen als auch im politischen Raum führt das Schweigen zu Aggression, Gewalt und Krieg. Gespräche, der Austausch von Gedanken, verändern alle Beteiligten. Auch wenn uns das nicht unmittelbar bewusst werden muss, integriert unser Gehirn diese Erfahrungen. Neuronale Verknüpfungen, Synapsenbildungen ermöglichen dem menschlichen Gehirn lebenslanges Lernen. Der Reiz des Widerspruchs, je qualifizierter, desto besser, stimuliert umso mehr. Dass dabei emotionale Reaktionen hervorgerufen werden, ist unvermeidbar. Zivilisiertes Streiten weiß davon. Und muss sich anstrengen, diese Reaktionen respektvoll zu berücksichtigen. Deswegen sind emotional geführte Gespräch noch lange nicht durch emotionslose zu ersetzen. Wann wird aus einem emotionalen Gespräch eines, in dem statt inhaltlichen Argumenten persönliche, unsachliche Pseudoargumente verwendet werden? Die Beurteilung, ob eine Grenzverletzung stattgefunden hat, sollte bei demjenigen liegen, der dies anmeldet. Zivilisiertes Diskutieren berücksichtigt solche Interventionen und drückt damit konkludent die Respektbeziehung zwischen den Diskutierenden aus. Es kann nicht oft genug festgestellt werden, dass solche Debattentechniken und -kulturen viel zu wenig gelehrt und gefördert werden. Warum eigentlich nicht?

XII.

Warum streiten wir? Warum diskutieren wir? Damit wir voneinander lernen und miteinander leben können. Das jeweils beste zu erzielende Ergebnis eines Streites ist neben dem Erkenntnisgewinn der

Kompromiss. Radikale Kompromisslosigkeit ist eine Sackgasse. So sehr sie in der Debatte eine Anregung sein kann, so sehr ist ihre Rigidität aber auch destruktiv. Die Fähigkeit zum Kompromiss ist eine unverzichtbare Eigenschaft zur Befriedung zwischenmenschlicher Beziehungen und Konflikte. Hervorzuheben ist, dass der Kompromiss der End- und nicht der Anfangspunkt der streitigen Diskussion ist. Das Darstellen der eigenen Position, der Haltung, der These, des Gedankens, das Aufdecken dessen, wofür man steht, ist der erste Schritt eines Gesprächs. Alle Teilnehmenden sollten dabei den gleichen Raum und die gleiche Aufmerksamkeit bekommen. Die anschließenden Argumentations- und Gegenargumentationsrunden sind die Säulen eines zukünftigen Kompromissgebäudes. Hier finden sich die Bestandteile, aus denen später ein tragendes Fundament entsteht. Nur dann ist ein Kompromiss kein fauler Kompromiss. Faule Kompromisse werden, wie der Begriff es formuliert, aus Konfliktfaulheit, aus Denkfaulheit geschlossen. Sie sind nicht einmal Kompromisse, sondern nur das Ergebnis eines nicht oder nur scheinbar durchgeführten Dialogs. Deswegen sind sie kein tragendes Fundament oder verfaulen schnell. Wer statt Kompromissen faule Kompromisse sucht, vermeidet Anstrengung, benennt Konflikte nicht wirklich, sondern tut nur so als ob. Nicht selten sind diese Kompromissformeln schon vorbereitet, bevor das Gespräch überhaupt stattgefunden hat. Manchmal haben faule Kompromisse aber auch eine Überbrückungsfunktion.

Sie sind der hilflose Versuch, Zeit zu gewinnen oder nicht einzugestehen, dass die Gesprächsparteien überfordert sind. Auf den ersten Blick tun sie weniger weh als der Kompromiss. Auf den zweiten Blick sind sie nur das: wirkungslos und destruktiv. Anders der echte Kompromiss, der »ein Zusammenprall unter Anwendung von Stoßdämpfern«[20] ist und dadurch eine befriedende Wirkung auslöst. Diese Wirkung könnte man auch so beschreiben, dass alle beteiligten Streit- und Konfliktparteien mit dem Kompromiss unzufrieden sind. Wenn alle Parteien sich durch den Kompromiss gleichermaßen ungerecht behandelt fühlen, kann paradoxerweise ein Gefühl der Gerechtigkeit entstehen. Daraus wächst eine stabilisierende und langfristige Wirkung. Der Kompromiss muss sowohl von der Vernunft- als auch von der Gefühlswelt der Beteiligten er- und getragen werden können. Er ist also einerseits Zumutung und Belastung, andererseits Entlastung und Bereicherung. Jedenfalls für alle Beteiligten eine Verbesserung. Er ist das Ergebnis eines gemeinsamen Ringens, das zu einem gemeinsamen Neuen geführt hat. Wir erleben, dass Kompromisse bestenfalls den größten gemeinsamen Nenner widerspiegeln und beklagen, wenn es sich um den kleinsten gemeinsamen Nenner handelt. Aber selbst der kleinste gemeinsame Nenner, der durch die Bereitschaft entstanden ist, aufeinander zuzugehen und damit die Befriedung des Konfliktes herbeizuführen, ist ein Erfolg des Streitens. Das Zwischenergebnis einer streitigen Debatte, »We agree to disagree«, ist nicht der Schlusspunkt des Gesprächs, sondern die Aufforderung zur Fortsetzung des Dialogs. Die Suche nach dem Kompromiss bleibt unverzichtbar. Dabei bilden sich auch Dilemmata heraus. Streit ist nicht eindimensional, sondern vielschichtig. Er berührt und betrifft komplexe, miteinander verbundene Ebenen. Jedes Entscheiden oder Nichtentscheiden hat Konsequenzen. Im öffentlichen, politischen Raum ist die Besetzung der Krim ein Beispiel dafür. Die russische Seite bestreitet ein völkerrechtswidriges Verhalten, während die anderen Parteien davon sprechen, dass diese kriegerische Aggression eine unerlaubte Annexion sei. Seitdem bewegt sich nichts. Aber Hunderttausende Zivilisten leiden und zahlen den Preis für die Unbeweglichkeit. Ein ähnliches Dilemma erlebt man, wenn Interessen miteinander kollidieren. Stichwort: Menschenrechte und ökonomische Interessen. Demokratien kommen an ihre Grenzen, wenn sie, wie am Beispiel Chinas, einerseits den Anspruch der Menschenrechte als globales Recht vertreten, andererseits aufgrund von ökonomischen Interessen nur relativ konfliktneutral auf die Einhaltung der Menschenrechte verweisen. Stimmt dann der Vorwurf »Wir verkaufen unsere Werte und Überzeugungen für das Wachstum«? Wäre die Konsequenz, die wirtschaftlichen Beziehungen mit Diktaturen abzubrechen, der glaubwürdigere Weg? Oder stimmt der Satz »Steter Tropfen höhlt den Stein«? Lässt sich das Sowohl-als-auch damit begründen? Wohin führt das Entweder-oder? Wann wird aus dem Ultimativen, dem Ultimatum, der Abbruch des Gesprächs? Streiten bedeutet

Verantwortung übernehmen. Und das Streiten über das Streiten, das Nachdenken über das Wie, das Wie lange ist eine Parallelspur, die im zivilisierten Streit nicht immer zu befriedigenden Antworten führt. Aber auf jeden Fall zu neuem Streit.

Dass nicht jeder Konflikt, jeder Streit schnell zu Kompromissen führt, dass Streitigkeiten sehr lange dauern können, ist eine Herausforderung, die schwer auszuhalten ist. Wir wollen die Probleme schnell lösen, Konflikte aus der Welt schaffen und werden ungeduldig, wenn die Prozesse langwierig sind. Gerade in internationalen Konflikten, zwischenstaatlichen Konflikten, Streit zwischen Regierungen und Ländern, ist deshalb die Diplomatie gefordert. Wer den Diskussionsraum oder den Tisch verlässt, weiß, dass er entweder zurückkommen muss oder er riskiert, dass die Sprachlosigkeit zu einer Eskalation des Streits führen kann. Auch bei Koalitionsverhandlungen erwarten Bürger schnelle Lösungen, damit das Regierungshandeln schnell beginnen kann. Die Sitzungen der Regierungschefs der Europäischen Union, in denen mittlerweile nächtelang miteinander gestritten wird, ermüden nicht nur die Beteiligten, sondern auch das Publikum. Je internationaler die Gremien, desto schneckenhafter der Fortschritt, der zu Lösungen führt. Und doch: Sich streiten zu können, bedeutet auch die Fähigkeit, dafür Geduld aufzubringen, dass die Änderungen, die im Kompromiss gefunden wurden, bei den Beteiligten viel Zeit zur Implementierung brauchen.

XIII.

Eine kleine Geschichte zum Üben: Ein Rabbiner kommt in einer Fußgängerzone an einer Metzgerei vorbei. In der Auslage liegt ein saftiger Schinken. Der Rabbiner blickt lange in das Schaufenster hinein, entfernt sich ein paar Schritte, kehrt nach einigen Augenblicken zurück. Er betritt das Geschäft und sagt: »Packen Sie mir doch bitte den Fisch, der in der Auslage liegt, ein.« Der Metzger, der den stadtbekannten Rabbiner erkennt, zögert einen Augenblick und antwortet: »Herr Rabbiner, das ist doch Schweinefleisch.« Der Rabbiner entgegnet: »Habe ich Sie gefragt, wie der Fisch heißt?« Haben die beiden gestritten? Und es nicht einmal gemerkt? Der Dialog zwischen dem Rabbiner und dem Metzger beginnt mit einer Lüge, die einen Tabubruch verkleiden soll. Ist die Erwiderung des Metzgers eine Klarstellung? Denkt der Metzger, dass der Rabbiner sich tatsächlich irrt? Oder will sich der Metzger dagegen wehren, zum stillen Komplizen des Rabbiners zu werden, der sein »schlechtes Gewissen« damit beruhigt, dass er aus dem verbotenen Schweinefleisch einen erlaubten Fisch macht? Denn beide müssen doch wissen, dass ein Fisch ein Fisch ist und kein Schinken und dass aus einem Schinken kein Fisch wird und dass der Versuch, aus einem Schinken einen Fisch werden zu lassen, nicht erfolgreich sein kann. Oder ist der Metzger einfach gekränkt, dass er nicht als ernst zu nehmender Gesprächspartner anerkannt, sondern als jemand dargestellt wird, der auf solche Taschenspielertricks hereinfällt?

Und zeigt der Metzger dem Rabbiner seine Kränkung, indem er die Tatsachen klarstellt und damit zum lauten Widersacher der Lüge wird? Der Metzger muss doch wissen, dass er mit seiner Antwort die Aussage des Rabbiners streitig macht und damit den Streit eröffnet. Hofft er, dass der Rabbiner seinen »Irrtum« erkennen würde? Wirklich? Es könnte aber auch umgekehrt sein. Was ist, wenn der Rabbiner den Metzger anerkennt und glaubt, er sei besonders empathisch und sensibel, also jemand, der Verständnis für menschliche Schwächen aufbringt? Versucht der Rabbiner sich mit seiner Erwiderung – »Habe ich Sie gefragt, wie der Fisch heißt?« – von seiner eigenen Lüge zu entfernen, ohne sie einzugestehen? Weicht er dem Streit aus? Bietet er dem Metzger stattdessen eine Brücke an, auf der sie gemeinsam einen Ausweg aus dem Streit finden können, ohne ihn zu Ende zu führen, bei dem beide ihr Gesicht wahren können?

Was also hat diese Geschichte mit Streiten zu tun? Diese Geschichte ist ein Beispiel für Streitvermeidung, sowohl der inneren als auch der äußeren. Dort, wo Tabus, »schlechtes Gewissen«, Moral im Spiel sind und damit immer auch Doppelmoral und Heuchelei, dort, wo Handeln nicht rational erklärbar ist, ist Verdrängung und die Abwehr von Streit die scheinbar natürliche Reaktion. Der Rabbiner weiß, dass er »eine Sünde begeht«. Er weiß, dass er den Mitgliedern seiner Gemeinde das Essen von Schweinefleisch als etwas Verwerfliches vermittelt. Um diesen Konflikt vor sich selbst zu vermeiden, lügt er den Metzger an, der jedoch nachfragt.

Erneut vermeidet der Rabbiner den Streit mit sich, indem er die scheinbar raffinierte Bemerkung macht, dass er nicht nach dem Namen des Fisches gefragt habe. Spätestens jetzt hätte der Metzger sich dem »Spiel« des Rabbiners entziehen können, wenn er ihm deutlich gemacht hätte, dass Schweinefleisch kein Fisch ist. Dadurch, dass er das nicht tut, wird er zum Komplizen der Streitvermeidung. Beide sind jetzt verstrickt in Lüge, Betrug und Selbstbetrug statt in Streit und Aufklärung. Einerseits kann man argumentieren, dass dadurch unnötige Konflikte und Diskussionen vermieden wurden. Andererseits führt Streitvermeidung nicht dazu, dass die Konfliktfragen verschwinden. Dort, wo Aufklärung und Klarstellung nötig sind, führt Streitvermeidung zu gefährlichen Entwicklungen. Erst recht im politischen Raum.

XIV.

Streiten. Aber wie? Das Beispiel des Rabbiners beim Metzger zeigt die Vielschichtigkeit, das Umgehen-Wollen, das Sich-Heranwagen, die unterschiedlichen Melodien, die Dissonanzen, die Hilflosigkeit, die Bemühungen, die Chancen und das Scheitern von Dialog und Streit. Die Herausforderung, Subtexte zu dechiffrieren, Codes zu erkennen, die emotionale Sensibilität aufzubringen, um Dialoge konstruktiv umzuwandeln. Streit kann nicht ohne Streitkultur stattfinden. Im Individuellen und im Kollektiven. Die Kultur des Streitens ist abhängig von Gesellschaften und ihren Selbstverständnissen. Die eine Streitkultur gibt es nicht. Streitkulturen entwickeln sich in den Jahrhunderten und Jahrtausenden, abhängig vom kulturellen Kontext der Gesellschaft, aus denen heraus sie wachsen. Wer darf überhaupt an einem Streit teilnehmen und wer bestimmt das? Die Kultur des Streitens spiegelt die gesellschaftspolitischen Realitäten wider. Auch die Fragen »Über was kann und darf gestritten werden?«, »Welche Themen sind tabuisiert?« und »Wer hat den Zugang dazu?«, werden unterschiedlich beantwortet. Dass diejenigen, die von den Tabus profitieren, nämlich die Eliten der jeweiligen Gesellschaften, einen Diskurs über die Tabus unterbinden wollen, damit diese nicht hinterfragt werden können, ist ein Ausdruck von Machtverhältnissen. Worüber darf wer wie streiten? Je autoritärer die Strukturen, desto weniger Menschen erhalten den Zugang zum Diskursraum. Je offener die Gesellschaften sind, desto offener sind auch die geschaffenen Diskursräume. Aber ob und in welcher Form diese tatsächlich genutzt werden, hängt von der Bereitschaft und der Fähigkeit zum Streiten ab. Streitkultur setzt die Anerkennung unterschiedlicher Perspektiven und Sichtweisen voraus. Dominanzstreben widerspricht der Streitkultur. Dass daraus nicht Beliebigkeit in den Diskursräumen entsteht – also alles gleichzeitig richtig oder falsch sein kann, Wahrheit oder Lüge – ist die große Zumutung für alle Beteiligten. Dank der digitalen Revolution ist es so vielen Menschen wie noch nie möglich, an Debatten, an Diskursen teilzunehmen. Dass Diktaturen das nach wie vor verhindern wollen und diese Zugangswege blockieren, ist ein hilfloser

Versuch, die Möglichkeit der Menschen, aus unterschiedlichen Perspektiven miteinander zu streiten und zu kommunizieren, zu unterbinden. Dass die Diskursräume im Netz teilweise chaotisch, manipulativ, regellos sind, ist eine nicht zu unterschätzende Gefahr. Die Aggression, die Gewalt, die sich im digitalen Streitraum ausbreitet, ist eine große Bedrohung der modernen Streitkultur. Shitstorms sind pure Gewalt. Emotionale Ausbrüche. Der organisierte Affekt ist primär, das Argument sekundär. Anonyme, in Massen auftretende Angriffe schüchtern ein, machen Angst und lassen Streit implodieren. In der digitalen Welt können Lügen (sowohl von Individuen als auch von Institutionen und Staaten) so leicht verbreitet werden wie sonst nirgends. Aufgrund dieser Falschinformationen entstehen »Scheinwelten«, die von Hunderttausenden, Millionen Menschen geteilt werden. Eine hunderttausendfach reproduzierte Falschinformation bleibt eine Falschinformation, so wie eine Lüge eine Lüge bleibt. Darauf aufbauende Theorien, Thesen, Bewertungen und Meinungen, jegliche Art von Conclusio – und seien sie noch so logisch und stringent – sind nicht streitsatisfaktionsfähig, da sie auf falschen Tatsachen basieren. Trotzdem erscheinen mir die Chancen, die das Netz bietet, größer als die Gefahren und Risiken. Sowohl individuell als auch gesellschaftspolitisch eröffnet das digitale Netz nie dagewesene Begegnungsmöglichkeiten. Die Mitdiskutanten, erst recht im digitalen Zeitalter, sind Gleichberechtigte unter Gleichberechtigten. Anerkennung ist grenzenlos.

Global. Umso mehr ist es notwendig, Regeln darüber, wie gestritten wird, zu vereinbaren. Je mehr unterschiedliche Kulturen über ein Regelwerk verhandeln, desto komplexer ist der Streit. Was für den einen Selbstverständlichkeit ist, ist für den anderen eine Zumutung. Was für den einen eine Chance ist, ist für den anderen eine Gefahr. In einer freien Gesellschaft ist das Ob des Streits nicht nur nicht streitig, sondern Conditio sine qua non des Freiheitsverständnisses. Die Herausforderung ist das Wie. Die Streitkultur. So wie Freiheit nicht grenzen- und regellos ist, sondern sich im Verhältnis zu anderen Grund- und Menschenrechten bewegt, kann auch Streit nicht grenzen- und regellos sein. Dass die Regeln in einem streitigen Prozess entwickelt und in Übereinstimmung gebracht werden müssen, ist eine permanente Aufgabe der Streitkultur. Unverzichtbar erscheinen mir aber folgende Bedingungen:

- Die Menschenwürde, die Menschenrechte sind unstreitig.
- Die Menschen, die am Streit Teilnehmenden müssen als solche anerkannt und respektiert werden.
- Der respektvolle Umgang der handelnden Personen miteinander ist unabdingbar. Das lässt emotionale Anteile im Streitgespräch zu, schließt aber persönliche Angriffe aus.
- Tatsache, Realität und Faktizität müssen als solche anerkannt werden.
- Das Argument muss als Instrument des Diskurses dienen.

- Verhandelte Regeln der Rede- und Gegenrede, der Argumentation und Gegenargumentation müssen zu jeder Zeit gelten.
- Der Zweifel ist unverzichtbarer Teil und Antrieb eines jeden Streits.

XV.

Nie schweigen.

Dank an Paulina Kraft.

ENDNOTEN

[1] Michael Cöllen, Ulla Holm und Udo Röser (2011): Gedanken zur Entwicklung einer Streitkultur. *Internationale Zeitschrift für Philosophie und Psychosomatik.* 2, 5.

[2] Georg Simmel (1908): *Soziologie: Untersuchungen über die Formen der Vergesellschaftung.* Berlin: Duncker & Humblot, 187.

[3] Hans-Martin Lohmann (2005): Die Konflikttheorie der Psychoanalyse. In: Thorsten Bonacker (Hrsg.): *Sozialwissenschaftliche Konflikttheorien: Eine Einführung.* 3. Aufl. Friedens- und Konfliktforschung, Bd. 5. Wiesbaden: VS Verlag für Sozialwissenschaften, 448.

[4] Simmel 1908: 189.

[5] Simmel 1908: 190.

[6] Ralf Dahrendorf (29. März 1963): Der Intellektuelle und die Gesellschaft: Über die soziale Funktion des Narren im zwanzigsten Jahrhundert. *Die Zeit.*

[7] In Anlehnung an Georg Simmels Begriff der »Vergesellschaftung«.

[8] Uwe Baumann, Arnold Becker und Astrid Steiner-Weber (2008): Vorwort. In: Uwe Baumann, Arnold Becker und Astrid Steiner-Weber (Hrsg.): *Streitkultur: Okzidentale Traditionen des Streitens in Literatur, Geschichte und Kunst.* Bd. 2. Super alta perennis. Göttingen: V&R Unipress, Bonn Univ. Press, II.

[9] Marie von Ebner-Eschenbach (1988): *Aphorismen.* Stuttgart: Reclam, 8.

[10] Jean-Jacques Rousseau zitiert in: Roland Leonhardt (2011) (Hrsg.): *Lebensweisheiten berühmter Dichter und Denker: Über 2000 Zitate von Aristoteles bis Zuckmayer.* Hannover: Humboldt, 111.

[11] Bertolt Brecht: *Lied über die guten Leute.* In Werner Hecht (1993) (Hrsg.): Werke. Bd. 14: Gedichte 4. Gedichte und Gedichtfragmente 1928–1939. Frankfurt am Main: Suhrkamp, 446.

[12] Timothy Garton Ash (2016): *Redefreiheit: Prinzipien für eine vernetzte Welt.* München: Carl Hanser Verlag, 123.

[13] George Tabori, zitiert nach: Berthold Seliger (2017): *Klassikkampf. Ernste Musik, Bildung und Kultur für alle.* Berlin: Matthes & Seitz. (E-Book)

[14] Jean Cocteau, zitiert nach: Rainer Nahrendorf (2016): *Wie viel Lüge verträgt die Politik? Und wie viel Wahrheit der Wähler?* (E-Book)

[15] Bertolt Brecht: *Leben des Galilei.* In: Dieter Wöhrle (1998) (Hrsg.): Suhrkamp Basis Bibliothek 1. Frankfurt am Main: Suhrkamp, 83.

[16] Johann Wolfgang von Goethe: *Berliner Ausgabe: Kunsttheoretische Schriften und Übersetzungen.* Hrsg.: Siegfried Seidel (1972). Bd. 18. Berlin: Aufbau-Verlag, 1972, 516.

[17] Markus Gabriel, interviewt von Liane von Billerbeck (04.08.2020): Philosoph Markus Gabriel über Moral heute: ›Das Böse nimmt spürbar zu‹. *Interview – Deutschlandfunk Kultur.* Audio-Podcast. URL: https://srv.deutschlandradio. de/dlf-audiothek-audio-teilen.3265.de.html?mdm: audio_id=852280 (letzter Zugriff: 23.03.2021).

[18] Mascha Kaléko (1978): *Das lyrische Stenogrammheft.* Reinbek: Rowohlt, 93.

[19] Ralf Dahrendorf (11.01.1989): Dahrendorf über Dahrendorf. *Frankfurter Allgemeine Zeitung.*

[20] Maurice Couve de Murville, zitiert nach: Markus M. Ronner (1974): *Die Treffende Pointe: humoristisch-satirische Geistesblitze des 20. Jahrhunderts nach Stichwörtern alphabetisch geordnet.* Thun: Ott, 160.